Enchanting Adventures: Bilingual Portuguese-English Stories for Kids

Artici Kids

Published by Artici Kids, 2024.

While every precaution has been taken in the preparation of this book, the publisher assumes no responsibility for errors or omissions, or for damages resulting from the use of the information contained herein.

ENCHANTING ADVENTURES: BILINGUAL PORTUGUESE-ENGLISH STORIES FOR KIDS

First edition. June 7, 2024.

Copyright © 2024 Artici Kids.

ISBN: 979-8224675920

Written by Artici Kids.

Table of Contents

A Abelha Aventureira

Era uma vez, em um campo repleto de flores coloridas e fragrantes, uma abelhinha chamada Abel. Abel era diferente das outras abelhas da colmeia. Ele era curioso e cheio de energia, sempre procurando por novas aventuras.

Um belo dia, enquanto as outras abelhas trabalhavam diligentemente coletando néctar e pólen, Abel decidiu que iria explorar além dos limites do campo. Ele queria ver o mundo e descobrir o que havia além das flores que conhecia tão bem.

Voando pelo céu azul, Abel sentia o vento em suas pequenas asas e via o mundo se expandir diante de seus olhos. Ele encontrou um riacho brilhante que serpenteava pelo campo, viu uma floresta verdejante ao longe e até mesmo algumas crianças brincando alegremente no parque.

De repente, algo chamou a atenção de Abel. Ele viu um jardim deslumbrante, cheio de flores que nunca tinha visto antes. Abel pousou em uma das flores e começou a coletar néctar, quando ouviu um som estranho. Era um zumbido, mas não era de outra abelha. Curioso, Abel seguiu o som e encontrou um enorme zangão preso em uma teia de aranha.

"Socorro!" gritou o zangão, suas asas batendo freneticamente na tentativa de se libertar.

Abel, sem pensar duas vezes, voou até a teia e começou a roer os fios pegajosos com suas pequenas mandíbulas. A aranha não estava por perto, então Abel trabalhou rápido. Depois de alguns minutos de esforço, o zangão estava livre.

"Muito obrigado!" disse o zangão, aliviado. "Eu sou Zang, o zangão. Como posso retribuir sua ajuda?"

"Eu sou Abel," respondeu o pequeno herói. "Não precisa me agradecer. Estou feliz que você esteja bem."

Zang ficou impressionado com a bravura de Abel e decidiu mostrar ao pequeno aventureiro um segredo especial. "Venha comigo, Abel. Quero te mostrar algo."

Os dois voaram juntos até uma árvore antiga no meio do campo. Zang levou Abel até um buraco na árvore e lá dentro havia uma caverna secreta cheia de flores brilhantes e raras.

"Estas são flores mágicas," explicou Zang. "Elas têm o néctar mais doce e ajudam a curar qualquer doença. Poucos conhecem este lugar."

Abel ficou maravilhado. "Obrigado por me mostrar isso, Zang. Vou contar à minha colmeia sobre estas flores para que possamos ajudar as abelhas doentes."

Quando Abel voltou à colmeia, contou a todos sobre sua aventura e as flores mágicas. As abelhas ficaram impressionadas com sua coragem e curiosidade. A partir daquele dia, Abel foi considerado um herói na colmeia. Ele continuou a explorar e a descobrir coisas novas, mas sempre lembrava de voltar para casa e compartilhar suas descobertas com suas amigas abelhas.

E assim, Abel, a pequena abelha aventureira, mostrou que a curiosidade e a bravura podem levar a descobertas maravilhosas e a grandes amizades. E viveram felizes para sempre, com o campo repleto de flores ainda mais belas e saudáveis, graças ao corajoso Abel.

The Adventurous Bee

Once upon a time, in a field full of colorful and fragrant flowers, there was a little bee named Abel. Abel was different from the other bees in the hive. He was curious and full of energy, always looking for new adventures.

One beautiful day, while the other bees were diligently collecting nectar and pollen, Abel decided he would explore beyond the limits of the field. He wanted to see the world and discover what lay beyond the flowers he knew so well.

Flying through the blue sky, Abel felt the wind on his tiny wings and watched the world expand before his eyes. He found a sparkling stream winding through the field, saw a lush forest in the distance, and even some children playing joyfully in the park.

Suddenly, something caught Abel's attention. He saw a dazzling garden, full of flowers he had never seen before. Abel landed on one of the flowers and began collecting nectar when he heard a strange sound. It was a buzzing, but not from another bee. Curious, Abel followed the sound and found a huge bumblebee trapped in a spider's web.

"Help!" cried the bumblebee, his wings beating frantically in an attempt to free himself.

Abel, without a second thought, flew to the web and began to gnaw on the sticky threads with his tiny jaws. The spider wasn't nearby, so Abel worked quickly. After a few minutes of effort, the bumblebee was free.

"Thank you so much!" said the bumblebee, relieved. "I'm Zang, the bumblebee. How can I repay you for your help?"

"I'm Abel," replied the little hero. "No need to thank me. I'm just glad you're okay."

Zang was impressed by Abel's bravery and decided to show the little adventurer a special secret. "Come with me, Abel. I want to show you something."

The two flew together to an old tree in the middle of the field. Zang led Abel to a hole in the tree, and inside was a secret cave full of glowing and rare flowers.

"These are magical flowers," Zang explained. "They have the sweetest nectar and help heal any illness. Few know about this place."

Abel was amazed. "Thank you for showing me this, Zang. I'll tell my hive about these flowers so we can help the sick bees."

When Abel returned to the hive, he told everyone about his adventure and the magical flowers. The bees were impressed by his courage and curiosity. From that day on, Abel was considered a hero in the hive. He continued to explore and discover new things, but always remembered to return home and share his discoveries with his bee friends.

And so, Abel, the little adventurous bee, showed that curiosity and bravery can lead to wonderful discoveries and great friendships. And they all lived happily ever after, with the field full of even more beautiful and healthy flowers, thanks to the brave Abel.

A Sereia Curiosa

Era uma vez, nas águas cristalinas do Oceano Brilhante, uma jovem sereia chamada Mariza. Mariza não era uma sereia comum; ela era extremamente curiosa sobre o mundo dos humanos. Enquanto suas amigas sereias passavam os dias cantando e brincando nos recifes de coral, Mariza sonhava em explorar além das ondas e descobrir os segredos da superfície.

Um dia, enquanto nadava perto de uma misteriosa caverna submarina, Mariza encontrou uma concha reluzente. Ao abri-la, encontrou um pequeno mapa com instruções escritas em uma língua que ela não conhecia. Decidida a decifrar o mistério, Mariza levou o mapa até seu avô, o sábio Tritão, que era conhecido por sua vasta sabedoria.

Tritão examinou o mapa e disse: "Este é um mapa dos tesouros perdidos do lendário Capitão Corsário. Ele indica a localização de um artefato mágico que, segundo a lenda, concede desejos ao seu portador. No entanto, está escondido em uma ilha dos humanos, além da barreira de corais."

Mariza ficou animada e determinada a encontrar o tesouro. Apesar dos avisos de Tritão sobre os perigos do mundo humano, ela decidiu que sua curiosidade e desejo de aventura eram mais fortes. Com o mapa em mãos, ela começou sua jornada rumo à ilha misteriosa.

Enquanto nadava, Mariza encontrou várias criaturas marinhas que lhe deram conselhos e ajuda. A tartaruga anciã, Dona Eulália, deu-lhe uma concha mágica que brilhava no escuro, e o simpático golfinho Dudu ofereceu-se para escoltá-la através das correntes traiçoeiras.

Ao chegar à superfície, Mariza ficou deslumbrada com a vastidão do céu azul e o calor do sol em sua pele. Ela avistou a ilha e nadou até a praia. Transformando sua cauda em pernas usando um antigo feitiço de seu avô, Mariza pôde caminhar pela terra firme pela primeira vez.

A ilha era um lugar encantador, com uma floresta densa e pássaros coloridos. Seguindo as instruções do mapa, Mariza encontrou uma caverna escondida atrás de uma cachoeira. Dentro da caverna, uma série de quebra-cabeças e desafios esperavam por ela. Graças à sua inteligência e bravura, Mariza conseguiu resolver cada enigma, até que finalmente encontrou o artefato mágico: um colar com um pingente em forma de estrela-do-mar.

Mariza segurou o colar e fez um desejo: "Quero entender os humanos e suas maravilhas, mas também quero que eles entendam e respeitem o nosso mundo submarino."

De repente, uma luz brilhante emanou do colar e envolveu Mariza. Quando a luz se dissipou, ela sentiu uma nova compreensão sobre os humanos e suas vidas. Mas o mais surpreendente foi que ela descobriu que agora podia comunicar-se com os humanos, assim como com as criaturas marinhas.

Enquanto Mariza explorava a ilha, encontrou uma jovem humana chamada Sofia, que estava explorando a floresta. Sofia era uma menina gentil e curiosa, e ficou fascinada ao encontrar uma verdadeira sereia. As duas rapidamente se tornaram amigas e Mariza contou a Sofia sobre sua missão.

Sofia, por sua vez, explicou que muitos humanos não entendiam o oceano e, por isso, muitas vezes causavam danos sem perceber. Juntas, elas decidiram que precisavam encontrar uma maneira de educar as pessoas sobre a importância de proteger o mundo submarino.

Mariza e Sofia trabalharam incansavelmente para criar um festival na ilha, onde humanos e criaturas marinhas poderiam se encontrar e aprender uns com os outros. O Festival da Amizade Submarina atraiu pessoas de todas as partes, e as histórias e apresentações de Mariza e Sofia ajudaram a espalhar uma nova consciência sobre a necessidade de proteger os oceanos.

Ao final do festival, Mariza sabia que havia cumprido sua missão. Ela e Sofia prometeram manter a amizade e continuar a trabalhar juntas para proteger o oceano. Com o coração cheio de alegria e gratidão, Mariza retornou ao oceano, sabendo que tinha feito uma diferença significativa.

De volta ao seu lar submarino, Mariza foi recebida como uma heroína. Ela contou suas aventuras para todos, inspirando suas amigas sereias e outras criaturas marinhas a serem curiosas e a buscarem o conhecimento, mas também a respeitarem e protegerem seu mundo.

E assim, a pequena Mariza, a sereia curiosa, mostrou que com coragem, amizade e determinação, é possível criar laços entre mundos diferentes e fazer do nosso planeta um lugar melhor para todos. E ela viveu feliz para sempre, explorando os mistérios do oceano e da terra, sempre com um brilho de curiosidade nos olhos.

The Curious Mermaid

Once upon a time, in the crystal-clear waters of the Shining Ocean, there was a young mermaid named Mariza. Mariza was not an ordinary mermaid; she was extremely curious about the human world. While her mermaid friends spent their days singing and playing in the coral reefs, Mariza dreamed of exploring beyond the waves and uncovering the secrets of the surface.

One day, while swimming near a mysterious underwater cave, Mariza found a shimmering shell. Upon opening it, she discovered a small map with instructions written in a language she did not know. Determined to solve the mystery, Mariza took the map to her grandfather, the wise Triton, who was known for his vast knowledge.

Triton examined the map and said, "This is a map to the lost treasures of the legendary Captain Corsário. It indicates the location of a magical artifact that, according to legend, grants wishes to its bearer. However, it is hidden on a human island, beyond the coral barrier."

Mariza was excited and determined to find the treasure. Despite Triton's warnings about the dangers of the human world, she decided that her curiosity and desire for adventure were stronger. With the map in hand, she began her journey towards the mysterious island.

As she swam, Mariza encountered various sea creatures who gave her advice and help. The ancient turtle, Dona Eulália, gave her a magical shell that glowed in the dark, and the friendly dolphin Dudu offered to escort her through the treacherous currents.

Upon reaching the surface, Mariza was dazzled by the vastness of the blue sky and the warmth of the sun on her skin. She spotted the island and swam to the shore. Using an old spell from her grandfather, Mariza transformed her tail into legs so she could walk on land for the first time.

The island was a charming place, with a dense forest and colorful birds. Following the map's instructions, Mariza found a cave hidden behind a waterfall. Inside the cave, a series of puzzles and challenges awaited her. Thanks to her intelligence and bravery, Mariza was able to solve each riddle until she finally found the magical artifact: a necklace with a starfish-shaped pendant.

Mariza held the necklace and made a wish: "I want to understand humans and their wonders, but I also want them to understand and respect our underwater world."

Suddenly, a bright light emanated from the necklace and enveloped Mariza. When the light dissipated, she felt a new understanding of humans and their lives. But most surprising of all, she discovered that she could now communicate with humans as well as sea creatures.

As Mariza explored the island, she met a young human named Sofia, who was exploring the forest. Sofia was a kind and curious girl and was fascinated to meet a real mermaid. The two quickly became friends, and Mariza told Sofia about her mission.

Sofia, in turn, explained that many humans did not understand the ocean and, therefore, often caused damage without realizing it. Together, they decided they needed to find a way to educate people about the importance of protecting the underwater world.

Mariza and Sofia worked tirelessly to create a festival on the island where humans and sea creatures could meet and learn from each other. The Underwater Friendship Festival attracted people from all over, and the stories and presentations by Mariza and Sofia helped spread new awareness about the need to protect the oceans.

At the end of the festival, Mariza knew she had fulfilled her mission. She and Sofia promised to maintain their friendship and continue working together to protect the ocean. With a heart full of joy and gratitude, Mariza returned to the ocean, knowing she had made a significant difference.

Back in her underwater home, Mariza was welcomed as a heroine. She shared her adventures with everyone, inspiring her mermaid friends and other sea creatures to be curious and seek knowledge, but also to respect and protect their world.

And so, the little Mariza, the curious mermaid, showed that with courage, friendship, and determination, it is possible to create bonds between different worlds and make our planet a better place for everyone. And she lived happily ever after, exploring the mysteries of the ocean and the land, always with a sparkle of curiosity in her eyes.

O Lápis Mágico de Luísa

Era uma vez, em uma pequena cidade chamada Arco-Íris, uma menina chamada Luísa. Luísa adorava desenhar. Desde que podia se lembrar, passava horas e horas criando mundos incríveis em seus cadernos de desenho. Sua imaginação era tão viva que seus desenhos pareciam quase saltar das páginas. Mas, apesar de todo seu talento, Luísa tinha um grande desejo: queria que seus desenhos ganhassem vida de verdade.

Um dia, enquanto passeava pelo mercado local com sua avó, Luísa avistou uma velha loja de antiguidades. A vitrine estava cheia de objetos curiosos e estranhos, mas o que mais chamou a atenção de Luísa foi um lápis dourado, brilhando em uma caixinha de vidro. Sem pensar duas vezes, ela entrou na loja.

"Posso ajudar, querida?" perguntou o senhor idoso atrás do balcão, com um sorriso caloroso.

Luísa apontou para o lápis dourado. "Quanto custa aquele lápis, senhor?"

O homem olhou para o lápis e depois para Luísa. "Ah, aquele lápis não está à venda. É um lápis muito especial. Ele pertenceu a um grande artista que tinha o poder de trazer seus desenhos à vida."

Os olhos de Luísa brilharam de excitação. "Por favor, senhor, posso usá-lo? Eu prometo cuidar bem dele."

O homem ponderou por um momento e então respondeu: "Muito bem, querida. Vou confiar este lápis a você, mas lembre-se: com grandes poderes vêm grandes responsabilidades. Use-o sabiamente."

Com o coração batendo rápido de alegria, Luísa levou o lápis para casa. Mal podia esperar para começar a desenhar. Ela se sentou à sua mesa e começou a criar. Primeiro, desenhou um pequeno passarinho com penas coloridas. Assim que terminou, o passarinho saltou da folha e começou a voar pelo quarto. Luísa ficou encantada e passou o resto do dia desenhando diferentes criaturas e objetos, vendo-os ganhar vida diante de seus olhos.

No entanto, com o passar do tempo, Luísa percebeu que os desenhos vivos traziam consigo alguns desafios. O pequeno passarinho começou a fazer bagunça, derrubando coisas e bicando tudo o que via. Um cachorro que ela desenhou começou a mastigar seus sapatos favoritos. Logo, seu quarto estava um caos total.

Lembrando-se das palavras do senhor da loja, Luísa decidiu que precisava usar o lápis de forma mais responsável. Em vez de desenhar por diversão, começou a pensar em como poderia usar o lápis para ajudar os outros.

Na escola, soube que a biblioteca estava precisando de novos livros, mas não havia orçamento para comprá-los. Então, Luísa desenhou uma pilha de livros novos e coloridos. Quando os livros ganharam vida, a biblioteca ficou repleta de histórias novas para todos os seus colegas lerem.

Um dia, Luísa soube que o parque da cidade estava precisando de reparos e de novos brinquedos para as crianças. Usando o lápis mágico, desenhou baloiços, escorregadores e até um carrossel. Todos os brinquedos apareceram no parque, trazendo alegria para as crianças da cidade.

No entanto, Luísa não se esqueceu dos desafios que o lápis podia trazer. Ela sabia que não poderia depender do lápis para tudo. Então, começou a usar seu talento para inspirar os outros. Na escola, organizou uma feira de arte onde todas as crianças podiam mostrar suas criações. Descobriu que, mesmo sem o lápis mágico, seus desenhos podiam trazer felicidade e inspiração para os outros.

Um dia, ao passear pelo mercado, Luísa decidiu visitar a velha loja de antiguidades novamente. O senhor idoso a cumprimentou com um sorriso.

"Então, como está se saindo com o lápis mágico?" ele perguntou.

Luísa sorriu. "Eu aprendi a usá-lo com responsabilidade. Mas também aprendi que, mesmo sem mágica, nossos talentos podem fazer a diferença."

O homem assentiu, satisfeito. "Você aprendeu bem, minha querida. A verdadeira magia está dentro de você, não no lápis. Continue a usar seu talento para o bem."

Com essas palavras em mente, Luísa agradeceu e devolveu o lápis ao senhor idoso. Ela percebeu que não precisava de um lápis mágico para fazer a diferença no mundo. Tudo o que precisava era de sua imaginação, criatividade e um coração disposto a ajudar os outros.

E assim, Luísa continuou a desenhar, inspirando e trazendo alegria para todos ao seu redor. Ela se tornou uma artista talentosa, conhecida não apenas por suas belas obras, mas também por seu espírito generoso e bondoso. E viveu feliz para sempre, sabendo que a verdadeira magia estava dentro dela o tempo todo.

Luísa's Magic Pencil

Once upon a time, in a small town called Rainbow, there was a girl named Luísa. Luísa loved to draw. Ever since she could remember, she spent hours and hours creating incredible worlds in her sketchbooks. Her imagination was so vivid that her drawings seemed to almost leap off the pages. But despite all her talent, Luísa had a great wish: she wanted her drawings to come to life for real.

One day, while strolling through the local market with her grandmother, Luísa spotted an old antique shop. The window was filled with curious and strange objects, but what caught Luísa's attention the most was a golden pencil, shining in a glass case. Without a second thought, she entered the shop.

"May I help you, dear?" asked the elderly man behind the counter, with a warm smile.

Luísa pointed to the golden pencil. "How much is that pencil, sir?"

The man looked at the pencil and then at Luísa. "Ah, that pencil is not for sale. It is a very special pencil. It belonged to a great artist who had the power to bring his drawings to life."

Luísa's eyes sparkled with excitement. "Please, sir, can I use it? I promise to take good care of it."

The man pondered for a moment and then replied, "Very well, dear. I will entrust this pencil to you, but remember: with great power comes great responsibility. Use it wisely."

With her heart beating fast with joy, Luísa took the pencil home. She couldn't wait to start drawing. She sat at her desk and began to create. First, she drew a small bird with colorful feathers. As soon as she finished, the bird jumped off the page and began to fly around the room. Luísa was delighted and spent the rest of the day drawing different creatures and objects, watching them come to life before her eyes.

However, as time went on, Luísa realized that the living drawings brought some challenges. The little bird began to make a mess, knocking things over and pecking at everything it saw. A dog she drew started chewing her favorite shoes. Soon, her room was a total chaos.

Remembering the words of the man from the shop, Luísa decided she needed to use the pencil more responsibly. Instead of drawing for fun, she began to think about how she could use the pencil to help others.

At school, she learned that the library was in need of new books but had no budget to buy them. So, Luísa drew a stack of new, colorful books. When the books came to life, the library was filled with new stories for all her classmates to read.

One day, Luísa learned that the town park was in need of repairs and new playground equipment for the children. Using the magic pencil, she drew swings, slides, and even a carousel. All the equipment appeared in the park, bringing joy to the town's children.

However, Luísa did not forget the challenges the pencil could bring. She knew she couldn't rely on the pencil for everything. So, she started using her talent to inspire others. At school, she organized an art fair where all the children could showcase their creations. She discovered that even without the magic pencil, her drawings could bring happiness and inspiration to others.

One day, while strolling through the market, Luísa decided to visit the old antique shop again. The elderly man greeted her with a smile.

"So, how are you getting along with the magic pencil?" he asked.

Luísa smiled. "I've learned to use it responsibly. But I've also learned that even without magic, our talents can make a difference."

The man nodded, pleased. "You have learned well, my dear. The true magic is within you, not in the pencil. Continue to use your talent for good."

With these words in mind, Luísa thanked him and returned the pencil to the elderly man. She realized that she didn't need a magic pencil to make a difference in the world. All she needed was her imagination, creativity, and a heart willing to help others.

And so, Luísa continued to draw, inspiring and bringing joy to everyone around her. She became a talented artist, known not only for her beautiful works but also for her generous and kind spirit. And she lived happily ever after, knowing that the true magic was within her all along.

Luna: A Unicórnio dos Sonhos

Era uma vez, em um reino mágico chamado Brilhante, uma jovem unicórnio chamada Luna. Luna não era um unicórnio comum. Desde pequena, ela tinha uma crina que brilhava como as estrelas e um chifre que irradiava as cores do arco-íris. Mas, apesar de sua beleza, Luna tinha um grande desejo: ela queria descobrir o verdadeiro propósito de sua magia.

Os outros unicórnios no reino de Brilhante tinham habilidades especiais. Alguns podiam curar com um toque de seus chifres, outros podiam fazer florescer os campos mais áridos com uma única respiração. Mas Luna ainda não sabia qual era seu talento especial.

Determinada a descobrir, Luna decidiu explorar o mundo além do seu reino. Certo dia, ela se despediu de sua família e amigos, prometendo voltar quando tivesse encontrado sua verdadeira missão. Com um último aceno, ela partiu em direção à Floresta Encantada, um lugar cheio de mistérios e lendas.

A floresta era densa e sombria, mas Luna não tinha medo. Caminhou por trilhas sinuosas, atravessou riachos brilhantes e subiu colinas cobertas de flores mágicas. Enquanto caminhava, encontrava criaturas maravilhosas: fadas dançantes, dragões gentis e pássaros que cantavam melodias encantadoras. Todos a saudavam com admiração e curiosidade.

Em uma clareira iluminada pela lua, Luna encontrou uma coruja anciã chamada Oráculo. Oráculo era conhecida por sua sabedoria e por ajudar os viajantes a encontrar seu caminho. "Olá, jovem unicórnio," disse Oráculo, com uma voz suave. "O que te traz à Floresta Encantada?"

"Olá, senhora Oráculo," respondeu Luna respeitosamente. "Estou em busca do propósito da minha magia. Quero descobrir qual é o meu talento especial."

Oráculo olhou profundamente nos olhos de Luna, como se estivesse lendo sua alma. "Sua jornada não será fácil, mas você encontrará o que procura se seguir seu coração. Procure a Fonte dos Sonhos. Lá, todos os segredos serão revelados."

Agradecendo à sábia coruja, Luna continuou sua jornada. A Fonte dos Sonhos era um lugar lendário, onde apenas os mais corajosos e puros de coração podiam entrar. Após dias de viagem, subindo montanhas e atravessando vales, Luna finalmente avistou a fonte brilhando ao longe.

Quando chegou à Fonte dos Sonhos, Luna ficou maravilhada. A água era cristalina e emanava uma luz suave, refletindo imagens dos sonhos de todos que já haviam passado por ali. Ao se aproximar, ela viu sua própria imagem refletida e, de repente, sentiu uma onda de calor em seu coração.

"Bem-vinda, Luna," disse uma voz vinda da fonte. "Você encontrou o caminho até aqui porque seguiu seu coração. Sua magia é especial, pois é capaz de realizar os sonhos dos outros."

Luna ficou surpresa e emocionada. "Mas como posso usar essa magia?"

"Acredite em si mesma e em seu coração generoso. Sempre que encontrar alguém com um sonho puro e sincero, seu chifre brilhará e a magia acontecerá."

Com um novo propósito e determinação, Luna voltou para o reino de Brilhante. Durante sua jornada de volta, encontrou muitas criaturas com sonhos e desejos. Havia um jovem dragão que queria aprender a voar, uma pequena fada que sonhava em trazer luz à floresta escura, e até mesmo um velho carvalho que queria florescer novamente. Luna usou sua magia para realizar esses sonhos, enchendo de alegria e esperança os corações daqueles que encontrava.

Ao chegar em Brilhante, Luna foi recebida com festa. Todos estavam ansiosos para ouvir sobre sua jornada e como ela havia descoberto seu verdadeiro propósito. Luna contou suas aventuras e explicou como havia aprendido a usar sua magia para realizar os sonhos dos outros.

A partir daquele dia, Luna se tornou uma lenda no reino de Brilhante. Sempre que alguém tinha um sonho ou desejo sincero, sabiam que podiam contar com a ajuda da unicórnio de crina estrelada e chifre arco-íris. Ela viajava por todo o reino, espalhando felicidade e inspiração, e mostrando que a verdadeira magia está em ajudar os outros a realizarem seus sonhos.

E assim, Luna viveu feliz para sempre, sabendo que havia encontrado seu verdadeiro propósito. Ela ensinou a todos que, quando seguimos nossos corações e ajudamos os outros, podemos tornar o mundo um lugar mágico e cheio de esperança.

Luna: The Unicorn of Dreams

Once upon a time, in a magical kingdom called Brilhante, there was a young unicorn named Luna. Luna was not an ordinary unicorn. Since she was little, she had a mane that sparkled like stars and a horn that radiated the colors of the rainbow. But despite her beauty, Luna had a great desire: she wanted to discover the true purpose of her magic.

The other unicorns in the kingdom of Brilhante had special abilities. Some could heal with a touch of their horns, others could make the driest fields bloom with a single breath. But Luna still didn't know what her special talent was.

Determined to find out, Luna decided to explore the world beyond her kingdom. One day, she said goodbye to her family and friends, promising to return when she had found her true mission. With a final wave, she set off toward the Enchanted Forest, a place full of mysteries and legends.

The forest was dense and dark, but Luna was not afraid. She walked along winding paths, crossed sparkling streams, and climbed hills covered with magical flowers. As she walked, she encountered wonderful creatures: dancing fairies, gentle dragons, and birds that sang enchanting melodies. They all greeted her with admiration and curiosity.

In a moonlit clearing, Luna met an ancient owl named Oracle. Oracle was known for her wisdom and for helping travelers find their way. "Hello, young unicorn," said Oracle, in a soft voice. "What brings you to the Enchanted Forest?"

"Hello, Madam Oracle," Luna replied respectfully. "I am searching for the purpose of my magic. I want to discover what my special talent is."

Oracle looked deeply into Luna's eyes, as if reading her soul. "Your journey will not be easy, but you will find what you seek if you follow your heart. Seek the Fountain of Dreams. There, all secrets will be revealed."

Thanking the wise owl, Luna continued her journey. The Fountain of Dreams was a legendary place, where only the bravest and purest of heart could enter. After days of travel, climbing mountains and crossing valleys, Luna finally saw the fountain shining in the distance.

When she reached the Fountain of Dreams, Luna was amazed. The water was crystal clear and emanated a soft light, reflecting images of the dreams of all who had ever passed by. As she approached, she saw her own reflection and suddenly felt a wave of warmth in her heart.

"Welcome, Luna," said a voice from the fountain. "You have found your way here because you followed your heart. Your magic is special, as it can make the dreams of others come true."

Luna was surprised and moved. "But how can I use this magic?"

"Believe in yourself and in your generous heart. Whenever you encounter someone with a pure and sincere dream, your horn will glow and the magic will happen."

With a new purpose and determination, Luna returned to the kingdom of Brilhante. During her journey back, she met many creatures with dreams and wishes. There was a young dragon who wanted to learn to fly, a little fairy who dreamed of bringing light to the dark forest, and even an old oak tree that wanted to bloom again. Luna used her magic to make these dreams come true, filling the hearts of those she met with joy and hope.

When she arrived in Brilhante, Luna was welcomed with celebration. Everyone was eager to hear about her journey and how she had discovered her true purpose. Luna shared her adventures and explained how she had learned to use her magic to make the dreams of others come true.

From that day on, Luna became a legend in the kingdom of Brilhante. Whenever someone had a sincere dream or wish, they knew they could count on the help of the unicorn with a starry mane and rainbow horn. She traveled throughout the kingdom, spreading happiness and inspiration, and showing that true magic lies in helping others achieve their dreams.

And so, Luna lived happily ever after, knowing she had found her true purpose. She taught everyone that when we follow our hearts and help others, we can make the world a magical and hopeful place.

Ernesto e a Maratona dos Pântanos

Era uma vez, em um pântano verdejante e exuberante, um sapo chamado Ernesto. Ernesto não era um sapo comum. Ele tinha grandes olhos curiosos e pernas poderosas, mas o que realmente o tornava especial era sua determinação. Desde pequeno, Ernesto sonhava em ser o sapo mais rápido de todos os pântanos.

Todos os anos, os pântanos de Maravilha organizavam a famosa Maratona dos Pântanos, uma competição onde sapos de todos os cantos vinham mostrar sua velocidade e resistência. Os vencedores ganhavam uma coroa de lírios e o título de "Rei dos Pântanos" por um ano. Ernesto sempre assistia com fascinação, mas nunca havia participado. Ele tinha medo de não ser bom o suficiente.

Um dia, enquanto pulava de um nenúfar para outro, Ernesto encontrou uma velha tartaruga chamada Tita. Tita era conhecida por sua sabedoria e paciência. Ela observava Ernesto com seus olhos calmos e brilhantes.

"Por que está tão pensativo, pequeno sapo?" perguntou Tita.

Ernesto suspirou. "Eu gostaria de participar da Maratona dos Pântanos, mas tenho medo de não ser rápido o suficiente."

Tita sorriu gentilmente. "Velocidade não é tudo, Ernesto. Coragem e perseverança são igualmente importantes. Se você realmente quer participar, precisa acreditar em si mesmo e treinar com dedicação."

Com as palavras de Tita em mente, Ernesto decidiu que iria treinar todos os dias até a maratona. Ele acordava cedo e praticava saltos e corridas pelo pântano. Enfrentou terrenos difíceis, como lama espessa e riachos rápidos, sempre focado em melhorar suas habilidades.

Durante seu treinamento, Ernesto conheceu outros sapos que também estavam se preparando para a maratona. Havia o sapo Tonico, conhecido por seus saltos longos, e a sapinha Lili, famosa por sua agilidade. Embora fossem concorrentes, eles se tornaram amigos e começaram a treinar juntos, ajudando uns aos outros a superar desafios.

Finalmente, o dia da Maratona dos Pântanos chegou. Ernesto estava nervoso, mas determinado. O pântano estava repleto de espectadores animados, e os sapos competidores estavam prontos na linha de partida. Tita, a velha tartaruga, estava lá para apoiar Ernesto, com um sorriso encorajador no rosto.

"Boa sorte, Ernesto," disse Tita. "Lembre-se, a verdadeira vitória está em dar o seu melhor."

Com o sinal de partida, os sapos dispararam. Ernesto começou forte, mantendo um ritmo constante. Ele se lembrou dos conselhos de Tita e concentrou-se em sua própria corrida, sem se preocupar com os outros competidores.

A maratona era cheia de obstáculos. Havia poças de lama profundas, troncos escorregadios e galhos baixos que exigiam atenção e habilidade. Ernesto usou tudo o que havia aprendido durante seus treinos. Ele saltou por cima dos troncos, desviou dos galhos e nadou rapidamente através das poças de lama.

No meio da corrida, Ernesto começou a sentir suas pernas cansadas, mas ele não desistiu. Lembrou-se de seus amigos Tonico e Lili, que o incentivaram durante os treinos, e das palavras sábias de Tita sobre coragem e perseverança. Com um esforço final, Ernesto reuniu toda sua força e continuou.

Quando Ernesto avistou a linha de chegada, sentiu um surto de energia. Ele deu seu último salto poderoso e cruzou a linha, exausto, mas feliz. O público aplaudiu calorosamente, e Tita estava lá para recebê-lo com um abraço orgulhoso.

Embora Ernesto não tenha terminado em primeiro lugar, ele ganhou algo ainda mais valioso: a confiança em si mesmo e a satisfação de ter dado o seu melhor. Tonico e Lili também completaram a corrida, e juntos, os três amigos comemoraram suas conquistas.

Na cerimônia de premiação, o sapo mais rápido recebeu a coroa de lírios e o título de "Rei dos Pântanos". Mas para Ernesto, o verdadeiro prêmio foi a jornada que percorreu e os amigos que fez ao longo do caminho.

Tita se aproximou de Ernesto e disse: "Estou muito orgulhosa de você. Você mostrou que coragem e determinação podem superar qualquer obstáculo."

Ernesto sorriu. "Obrigado, Tita. Eu aprendi que a verdadeira vitória está em nunca desistir, não importa quão difícil seja o caminho."

E assim, Ernesto continuou a treinar e a inspirar outros sapos no pântano. Ele se tornou um exemplo de perseverança e amizade, sempre lembrando a todos que, com determinação e apoio, qualquer sonho pode se tornar realidade.

Ernesto and the Swamp Marathon

Once upon a time, in a lush and verdant swamp, there was a frog named Ernesto. Ernesto was no ordinary frog. He had big curious eyes and powerful legs, but what truly made him special was his determination. Ever since he was little, Ernesto dreamed of being the fastest frog in all the swamps.

Every year, the swamps of Maravilha hosted the famous Swamp Marathon, a competition where frogs from all over came to show their speed and endurance. The winners earned a crown of lilies and the title of "King of the Swamps" for a year. Ernesto always watched with fascination, but he had never participated. He was afraid he wouldn't be good enough.

One day, while hopping from one lily pad to another, Ernesto met an old turtle named Tita. Tita was known for her wisdom and patience. She watched Ernesto with her calm, bright eyes.

"Why do you look so thoughtful, little frog?" asked Tita.

Ernesto sighed. "I want to participate in the Swamp Marathon, but I'm afraid I'm not fast enough."

Tita smiled gently. "Speed isn't everything, Ernesto. Courage and perseverance are just as important. If you really want to participate, you need to believe in yourself and train with dedication."

With Tita's words in mind, Ernesto decided he would train every day until the marathon. He woke up early and practiced jumps and runs around the swamp. He faced tough terrains, like thick mud and fast streams, always focused on improving his skills.

During his training, Ernesto met other frogs who were also preparing for the marathon. There was Tonico, known for his long jumps, and Lili, famous for her agility. Although they were competitors, they became friends and started training together, helping each other overcome challenges.

Finally, the day of the Swamp Marathon arrived. Ernesto was nervous but determined. The swamp was full of excited spectators, and the competing frogs were ready at the starting line. Tita, the old turtle, was there to support Ernesto, with an encouraging smile on her face.

"Good luck, Ernesto," said Tita. "Remember, the true victory is in giving your best."

At the starting signal, the frogs took off. Ernesto started strong, maintaining a steady pace. He remembered Tita's advice and focused on his own race, not worrying about the other competitors.

The marathon was full of obstacles. There were deep mud puddles, slippery logs, and low branches that required attention and skill. Ernesto used everything he had learned during his training. He jumped over the logs, dodged the branches, and swam quickly through the mud puddles.

Midway through the race, Ernesto's legs began to tire, but he didn't give up. He remembered his friends Tonico and Lili, who had encouraged him during training, and Tita's wise words about courage and perseverance. With a final effort, Ernesto gathered all his strength and kept going.

When Ernesto saw the finish line, he felt a surge of energy. He made one last powerful jump and crossed the line, exhausted but happy. The crowd cheered warmly, and Tita was there to greet him with a proud hug.

Though Ernesto didn't finish first, he gained something even more valuable: confidence in himself and the satisfaction of having given his best. Tonico and Lili also finished the race, and together, the three friends celebrated their achievements.

At the award ceremony, the fastest frog received the lily crown and the title of "King of the Swamps." But for Ernesto, the true prize was the journey he had traveled and the friends he had made along the way.

Tita approached Ernesto and said, "I am very proud of you. You showed that courage and determination can overcome any obstacle."

Ernesto smiled. "Thank you, Tita. I've learned that the true victory is in never giving up, no matter how tough the path is."

And so, Ernesto continued to train and inspire other frogs in the swamp. He became a symbol of perseverance and friendship, always reminding everyone that with determination and support, any dream can become a reality.

Filipe, o Flamingo Cantor

Era uma vez, na bela Reserva dos Pântanos, um flamingo chamado Filipe. Filipe não era um flamingo comum. Ele tinha penas rosa brilhantes e pernas longas e elegantes, mas o que realmente o tornava especial era sua voz. Filipe adorava cantar. Desde filhote, ele cantava todos os dias ao nascer do sol, encantando a todos com suas melodias doces e harmoniosas.

No entanto, nem todos apreciavam o talento de Filipe. Alguns dos outros flamingos achavam que cantar era uma atividade inútil. "Flamingos devem pescar e descansar, não cantar!" diziam eles. Mas Filipe não deixava isso desanimá-lo. Ele sabia que sua paixão pela música era verdadeira e que ela trazia alegria para muitos.

Um dia, enquanto Filipe estava cantando à beira do lago, ele foi abordado por um velho pelicano chamado Pedro. Pedro era conhecido por sua sabedoria e por suas muitas histórias de viagens ao redor do mundo.

"Você tem uma bela voz, jovem flamingo," disse Pedro. "Por que não compartilha seu talento com o mundo? Há um grande concurso de canto na cidade próxima. O vencedor ganhará a chance de se apresentar para o Rei da Floresta."

Filipe ficou animado e assustado ao mesmo tempo. "Você acha que eu realmente tenho uma chance, Pedro?"

"Com certeza," respondeu Pedro com um sorriso. "Mas você precisará treinar e acreditar em si mesmo."

Decidido a participar, Filipe começou a se preparar para o concurso. Ele praticava suas canções todos os dias, experimentando diferentes notas e melodias. Seus amigos animais da reserva começaram a se reunir para ouvir suas práticas, incentivando-o com aplausos e palavras de apoio. Havia o macaco Max, que sempre batia palmas no ritmo, e a coruja Olívia, que dava dicas de técnica vocal.

Apesar de todo o apoio, Filipe ainda sentia insegurança. A cidade próxima, chamada Vila Verde, era um lugar grande e desconhecido para ele. Mas Pedro o encorajou a não desistir. "Lembre-se, Filipe, a verdadeira magia está em seguir seu coração e não ter medo de brilhar."

Finalmente, o dia do concurso chegou. Filipe estava nervoso, mas determinado. Pedro, Max, Olívia e muitos outros amigos da reserva o acompanharam até Vila Verde para dar apoio. A praça da cidade estava cheia de animais de todos os tipos, todos ansiosos para ouvir os participantes do concurso.

Quando Filipe subiu ao palco, ele sentiu um frio na barriga. Mas então, ele olhou para seus amigos na plateia, todos sorrindo e torcendo por ele. Isso lhe deu a coragem que precisava. Filipe fechou os olhos e começou a cantar.

Sua voz encheu a praça, suave e melodiosa. Ele cantou sobre o amor pela natureza, a beleza dos pântanos e a importância de seguir os sonhos. A cada nota, Filipe sentia-se mais confiante e livre. Quando terminou, a praça estava em silêncio por um momento, e então explodiu em aplausos.

Os juízes do concurso, incluindo o respeitado corvo Sr. Carvão, ficaram impressionados. "Você tem um talento extraordinário, Filipe," disse o Sr. Carvão. "Nós gostaríamos de convidá-lo para se apresentar para o Rei da Floresta."

Filipe mal podia acreditar. Ele havia conseguido! Seus amigos correram para o palco para parabenizá-lo, e Pedro disse com um sorriso orgulhoso: "Eu sabia que você poderia fazer isso, Filipe."

A apresentação para o Rei da Floresta foi marcada para a semana seguinte. Filipe passou os dias restantes ensaiando e se preparando. Ele queria que sua performance fosse perfeita. Quando chegou o grande dia, ele viajou para o coração da floresta, onde um grande palco foi montado.

O Rei da Floresta, um majestoso leão chamado Leo, estava presente, junto com muitos outros animais importantes. Filipe estava nervoso, mas ele se lembrou das palavras de Pedro e da alegria que cantar lhe trazia. Ele subiu ao palco e, com uma confiança recém-descoberta, começou sua performance.

Sua voz ecoou pela floresta, mais forte e clara do que nunca. Ele cantou sobre esperança, amizade e coragem, e sua música tocou o coração de todos os presentes. Quando terminou, o Rei Leo se levantou e aplaudiu de pé, seguido por toda a plateia.

"Filipe, sua música é uma dádiva," disse o Rei Leo. "Você trouxe alegria e inspiração a todos nós. Gostaríamos que você se tornasse o cantor oficial da floresta, para compartilhar sua bela voz com todos os animais."

Filipe estava radiante de felicidade. Ele aceitou a honra com humildade e gratidão. De volta à reserva, ele foi recebido como um herói. Seus amigos estavam orgulhosos e felizes por ele.

Filipe continuou a cantar, não apenas para o Rei e os animais da floresta, mas também para seus amigos da reserva e para qualquer um que quisesse ouvir. Ele aprendeu que, ao seguir seu coração e acreditar em si mesmo, ele podia alcançar grandes coisas.

E assim, Filipe viveu feliz, cantando e trazendo alegria para todos ao seu redor, lembrando a todos que o verdadeiro talento é aquele que vem do coração.

Filipe the Singing Flamingo

Once upon a time, in the beautiful Swamp Reserve, there was a flamingo named Filipe. Filipe was no ordinary flamingo. He had bright pink feathers and long, graceful legs, but what truly made him special was his voice. Filipe loved to sing. Since he was a chick, he sang every day at sunrise, enchanting everyone with his sweet and harmonious melodies.

However, not everyone appreciated Filipe's talent. Some of the other flamingos thought singing was a useless activity. "Flamingos should fish and rest, not sing!" they would say. But Filipe didn't let that discourage him. He knew his passion for music was real and that it brought joy to many.

One day, while Filipe was singing by the lake, he was approached by an old pelican named Pedro. Pedro was known for his wisdom and his many stories of travels around the world.

"You have a beautiful voice, young flamingo," said Pedro. "Why don't you share your talent with the world? There is a big singing contest in the nearby town. The winner will get a chance to perform for the King of the Forest."

Filipe felt excited and scared at the same time. "Do you really think I have a chance, Pedro?"

"Certainly," replied Pedro with a smile. "But you will need to train and believe in yourself."

Determined to participate, Filipe began to prepare for the contest. He practiced his songs every day, experimenting with different notes and melodies. His animal friends from the reserve started to gather to listen to his practice sessions, encouraging him with applause and words of support. There was Max the monkey, who always clapped along to the rhythm, and Olívia the owl, who gave tips on vocal technique.

Despite all the support, Filipe still felt insecure. The nearby town, called Vila Verde, was a big and unfamiliar place for him. But Pedro encouraged him not to give up. "Remember, Filipe, the true magic lies in following your heart and not being afraid to shine."

Finally, the day of the contest arrived. Filipe was nervous but determined. Pedro, Max, Olívia, and many other friends from the reserve accompanied him to Vila Verde for support. The town square was filled with animals of all kinds, all eager to hear the contest participants.

When Filipe stepped onto the stage, he felt butterflies in his stomach. But then he looked at his friends in the audience, all smiling and cheering for him. This gave him the courage he needed. Filipe closed his eyes and began to sing.

His voice filled the square, soft and melodious. He sang about love for nature, the beauty of the swamps, and the importance of following dreams. With each note, Filipe felt more confident and free. When he finished, the square was silent for a moment, and then it erupted in applause.

The contest judges, including the esteemed crow Mr. Coal, were impressed. "You have an extraordinary talent, Filipe," said Mr. Coal. "We would like to invite you to perform for the King of the Forest."

Filipe could hardly believe it. He had done it! His friends rushed to the stage to congratulate him, and Pedro said with a proud smile, "I knew you could do it, Filipe."

The performance for the King of the Forest was scheduled for the following week. Filipe spent the remaining days rehearsing and preparing. He wanted his performance to be perfect. When the big day arrived, he traveled to the heart of the forest, where a grand stage had been set up.

The King of the Forest, a majestic lion named Leo, was present, along with many other important animals. Filipe was nervous, but he remembered Pedro's words and the joy singing brought him. He stepped onto the stage and, with newfound confidence, began his performance.

His voice echoed through the forest, stronger and clearer than ever. He sang about hope, friendship, and courage, and his music touched the hearts of all present. When he finished, King Leo stood up and gave a standing ovation, followed by the entire audience.

"Filipe, your music is a gift," said King Leo. "You have brought joy and inspiration to us all. We would like you to become the official singer of the forest, to share your beautiful voice with all the animals."

Filipe was radiant with happiness. He accepted the honor with humility and gratitude. Back at the reserve, he was welcomed as a hero. His friends were proud and happy for him.

Filipe continued to sing, not just for the King and the forest animals, but also for his friends at the reserve and anyone who wanted to listen. He learned that by following his heart and believing in himself, he could achieve great things.

And so, Filipe lived happily, singing and bringing joy to everyone around him, reminding all that true talent is the one that comes from the heart.

Rinoceronte Rino e a Grande Aventura

Era uma vez, nas vastas planícies da África, um jovem rinoceronte chamado Rino. Rino não era um rinoceronte comum. Ele tinha um coração grande e um espírito aventureiro que o levava a explorar além dos limites do seu território. Todos os dias, Rino sonhava com aventuras emocionantes e terras desconhecidas.

Um dia, enquanto passeava pelo seu lugar favorito na savana, Rino encontrou algo inesperado: uma antiga garrafa de vidro meio enterrada na areia. Curioso, ele a desenterrou e, ao inspecioná-la de perto, percebeu que havia um mapa dentro. Era um mapa do tesouro! Rino sentiu seu coração bater mais rápido. Este era o começo da grande aventura que ele sempre sonhou!

Rino correu para contar a novidade aos seus amigos. Primeiro, ele encontrou Zara, a zebra veloz, que estava pastando tranquilamente.

"Zara, olhe o que eu encontrei!" disse Rino, mostrando a garrafa e o mapa.

"Uau, Rino! Um mapa do tesouro! Vamos ver onde ele nos leva!" respondeu Zara, animada.

Juntos, eles seguiram para encontrar Bino, o babuíno brincalhão, que estava se balançando nas árvores próximas.

"Bino, veja isso!" disse Rino, estendendo o mapa.

"Isso é incrível! Eu sempre quis encontrar um tesouro. Vamos nessa!" disse Bino, saltando da árvore.

Com Zara e Bino a seu lado, Rino se sentia mais confiante. Eles decidiram que a primeira parada seria a Montanha do Elefante, um lugar que, segundo o mapa, escondia a primeira pista para o tesouro. Eles partiram ao amanhecer, com Rino liderando o caminho.

A jornada foi longa e desafiadora. Eles enfrentaram calor escaldante, atravessaram rios cheios de crocodilos e evitaram leões famintos. Mas nada disso os deteve. Com determinação e coragem, eles chegaram à Montanha do Elefante.

No topo da montanha, encontraram uma velha estátua de um elefante, exatamente como o mapa havia mostrado. Havia uma inscrição na base da estátua: "Olhe para onde o elefante aponta." Os amigos seguiram a direção indicada pela tromba da estátua e encontraram uma árvore enorme com uma cavidade em seu tronco. Dentro da cavidade, havia uma caixa de madeira.

Rino abriu a caixa com cuidado e dentro encontrou outra pista: um pedaço de pergaminho com um enigma.

"O próximo passo do tesouro encontrará, se para a Caverna do Leão você marchar. Lá, sob a luz da lua cheia, o segredo será revelado."

"Vamos para a Caverna do Leão!" exclamou Bino.

A viagem para a caverna foi ainda mais difícil. Eles precisaram escalar penhascos íngremes e atravessar florestas densas. Mas a cada obstáculo, eles se tornavam mais fortes e mais unidos. Rino se sentia inspirado pela coragem de seus amigos.

Finalmente, chegaram à Caverna do Leão. Era um lugar escuro e misterioso. Eles esperaram até a lua cheia surgir no céu. Quando a luz da lua entrou na caverna, revelou uma inscrição na parede: "O tesouro está onde o coração é mais puro."

"Mas o que isso significa?" perguntou Zara, confusa.

Rino pensou por um momento e então sorriu. "Acho que o tesouro é algo que já temos. Nossa amizade e as aventuras que compartilhamos são o verdadeiro tesouro."

Os amigos perceberam que Rino estava certo. Embora não tivessem encontrado ouro ou joias, haviam encontrado algo muito mais valioso: uma amizade que os tornava mais corajosos e felizes. Eles se abraçaram, sentindo-se gratos por terem uns aos outros.

Enquanto voltavam para casa, perceberam que a verdadeira aventura estava em cada passo do caminho, nas risadas que compartilharam e nos desafios que superaram juntos. Rino aprendeu que, às vezes, o maior tesouro não é algo que você encontra, mas algo que você sente.

E assim, Rino, Zara e Bino continuaram a explorar, com corações cheios de alegria e espíritos prontos para a próxima grande aventura, sempre lembrando que a verdadeira riqueza estava na amizade e nas experiências que compartilhavam.

Rino the Rhino and the Great Adventure

Once upon a time, on the vast plains of Africa, there was a young rhinoceros named Rino. Rino was no ordinary rhino. He had a big heart and an adventurous spirit that led him to explore beyond the boundaries of his territory. Every day, Rino dreamed of exciting adventures and unknown lands.

One day, while strolling through his favorite spot on the savanna, Rino found something unexpected: an old glass bottle half-buried in the sand. Curious, he unearthed it and, upon closer inspection, realized there was a map inside. It was a treasure map! Rino's heart raced. This was the beginning of the great adventure he had always dreamed of!

Rino ran to share the news with his friends. First, he found Zara, the swift zebra, who was grazing peacefully.

"Zara, look what I found!" said Rino, showing the bottle and the map.

"Wow, Rino! A treasure map! Let's see where it leads us!" replied Zara, excited.

Together, they went to find Bino, the playful baboon, who was swinging from the nearby trees.

"Bino, check this out!" said Rino, extending the map.

"This is amazing! I've always wanted to find a treasure. Let's go!" said Bino, jumping down from the tree.

With Zara and Bino by his side, Rino felt more confident. They decided their first stop would be Elephant Mountain, a place that, according to the map, held the first clue to the treasure. They set off at dawn, with Rino leading the way.

The journey was long and challenging. They faced scorching heat, crossed rivers full of crocodiles, and avoided hungry lions. But nothing deterred them. With determination and courage, they reached Elephant Mountain.

At the top of the mountain, they found an old statue of an elephant, just as the map had shown. There was an inscription at the base of the statue: "Look where the elephant points." The friends followed the direction indicated by the statue's trunk and found a huge tree with a cavity in its trunk. Inside the cavity was a wooden box.

Rino carefully opened the box and found another clue: a piece of parchment with a riddle.

"The next step to find the treasure, march to the Lion's Cave. There, under the light of the full moon, the secret will be revealed."

"Let's go to the Lion's Cave!" exclaimed Bino.

The journey to the cave was even more difficult. They had to climb steep cliffs and traverse dense forests. But with each obstacle, they grew stronger and more united. Rino was inspired by his friends' courage.

Finally, they reached the Lion's Cave. It was a dark and mysterious place. They waited until the full moon appeared in the sky. When the moonlight entered the cave, it revealed an inscription on the wall: "The treasure lies where the heart is purest."

"But what does that mean?" asked Zara, puzzled.

Rino thought for a moment and then smiled. "I think the treasure is something we already have. Our friendship and the adventures we've shared are the real treasure."

The friends realized Rino was right. Although they hadn't found gold or jewels, they had found something much more valuable: a friendship that made them braver and happier. They hugged, feeling grateful to have each other.

As they headed back home, they realized that the true adventure was in every step of the journey, in the laughter they shared, and the challenges they overcame together. Rino learned that sometimes the greatest treasure is not something you find, but something you feel.

And so, Rino, Zara, and Bino continued to explore, with hearts full of joy and spirits ready for the next great adventure, always remembering that the true wealth was in their friendship and the experiences they shared.

Olívia, a Coruja Sabichona

Era uma vez, numa floresta mágica, uma coruja chamada Olívia. Olívia não era uma coruja qualquer. Com seus grandes olhos brilhantes e penas macias e douradas, ela se destacava entre as outras corujas. Mas o que realmente fazia Olívia especial era sua sede insaciável por conhecimento. Ela adorava ler, estudar e aprender sobre tudo ao seu redor.

A cada noite, enquanto todas as outras corujas voavam pela floresta em busca de comida, Olívia se aconchegava em seu ninho com um livro em suas garras. Ela lia sobre as estrelas, as plantas, os animais e até sobre lugares distantes que ela nunca tinha visto. Seu lugar favorito era a velha biblioteca da floresta, um lugar mágico onde livros cresciam em árvores e cada folha contava uma história.

Um dia, enquanto explorava a biblioteca, Olívia encontrou um livro muito antigo e empoeirado. Na capa, estava escrito: "Os Segredos do Mundo Esquecido". Ela sentiu um frio na barriga de excitação. Ao abrir o livro, descobriu que ele falava sobre um reino escondido, cheio de criaturas fantásticas e tesouros inimagináveis. Mas o mais interessante era que, segundo o livro, esse reino só poderia ser encontrado por alguém verdadeiramente sábio.

Determinada a encontrar o reino, Olívia decidiu que precisava de mais conhecimento. Ela começou a estudar ainda mais, passando dias inteiros lendo e aprendendo. Seus amigos, como

Rino, o rinoceronte, e Zara, a zebra, vinham visitá-la, curiosos sobre o que ela estava fazendo.

"Olívia, por que você está estudando tanto?" perguntou Rino.

"Estou em busca do Reino Esquecido, um lugar mágico cheio de segredos e maravilhas," respondeu Olívia com entusiasmo.

"Podemos ajudar?" perguntou Zara, sempre pronta para uma aventura.

"Claro! Vou precisar de toda a ajuda possível," disse Olívia, sorrindo.

Com a ajuda de seus amigos, Olívia começou a decifrar as pistas do livro. Eles passaram por muitos desafios, como resolver enigmas complicados e encontrar símbolos escondidos pela floresta. Cada desafio que superavam os aproximava mais do Reino Esquecido.

Uma noite, enquanto estudavam um mapa antigo, Bino, o babuíno, notou algo estranho. "Olívia, olha aqui! Este símbolo parece um dos que vimos na Pedra do Grande Carvalho."

Olívia examinou o mapa e percebeu que Bino estava certo. "Você tem razão, Bino! Acho que estamos no caminho certo."

Guiados pelo mapa e pelas pistas do livro, eles seguiram em direção ao Grande Carvalho, uma árvore imensa e antiga que ficava no coração da floresta. Ao chegarem lá, encontraram um símbolo brilhante gravado no tronco da árvore. Olívia tocou o símbolo e, de repente, uma passagem secreta se abriu diante deles.

Com os corações batendo de excitação, os amigos entraram na passagem. Eles caminharam por um túnel escuro e sinuoso, iluminado apenas por vagalumes que pareciam guiar o caminho. Após um tempo que pareceu uma eternidade, eles emergiram em um vale deslumbrante, cheio de cores vibrantes e criaturas mágicas.

"Bem-vindos ao Reino Esquecido," disse uma voz suave. Era uma majestosa coruja dourada, maior e mais sábia que qualquer outra coruja que Olívia já havia visto. "Eu sou Aurelia, a guardiã deste reino. Você, Olívia, provou ser verdadeiramente sábia e digna de descobrir este lugar."

Olívia sentiu um misto de orgulho e humildade. "Muito obrigada, Aurelia. Sempre sonhei com este momento."

Aurelia sorriu. "O conhecimento que você adquiriu e a sabedoria que demonstrou trouxeram você até aqui. Mas lembre-se, o verdadeiro valor do conhecimento é compartilhá-lo com os outros."

Olívia compreendeu imediatamente. Ela passou os dias seguintes explorando o Reino Esquecido, aprendendo sobre suas maravilhas e os segredos que ele guardava. Mas ela sabia que sua verdadeira missão era levar esse conhecimento de volta para sua floresta.

Quando chegou a hora de partir, Aurelia deu a Olívia um presente especial: um livro mágico que continha todo o conhecimento do Reino Esquecido. "Use este livro para ensinar e inspirar os outros," disse Aurelia.

De volta à floresta, Olívia foi recebida como uma heroína. Ela construiu uma nova biblioteca, onde todos os animais podiam aprender e explorar os mistérios do mundo. Ela compartilhava seu conhecimento com alegria, inspirando outros a serem curiosos e a buscar sabedoria.

Olívia, a coruja sabichona, continuou a aprender e a ensinar, sabendo que o verdadeiro poder do conhecimento estava em sua capacidade de transformar vidas. E assim, a floresta se tornou um lugar de sabedoria e descoberta, onde todos podiam sonhar e buscar o desconhecido, guiados pela luz da curiosidade e do aprendizado.

Olivia, the Wise Owl

Once upon a time, in a magical forest, there lived an owl named Olivia. Olivia was not just any owl. With her big, bright eyes and soft, golden feathers, she stood out among the other owls. But what truly made Olivia special was her insatiable thirst for knowledge. She loved to read, study, and learn about everything around her.

Every night, while all the other owls flew through the forest in search of food, Olivia nestled in her nest with a book in her claws. She read about the stars, plants, animals, and even distant places she had never seen. Her favorite place was the old forest library, a magical spot where books grew on trees and each leaf told a story.

One day, while exploring the library, Olivia found a very old and dusty book. On the cover, it read: "The Secrets of the Forgotten World." She felt a thrill of excitement. Opening the book, she discovered it spoke of a hidden kingdom, full of fantastic creatures and unimaginable treasures. But the most interesting part was that, according to the book, this kingdom could only be found by someone truly wise.

Determined to find the kingdom, Olivia decided she needed more knowledge. She began to study even more, spending entire days reading and learning. Her friends, like Rino the rhino and Zara the zebra, would visit her, curious about what she was up to.

"Olivia, why are you studying so much?" asked Rino.

"I'm searching for the Forgotten Kingdom, a magical place full of secrets and wonders," replied Olivia enthusiastically.

"Can we help?" asked Zara, always ready for an adventure.

"Of course! I'll need all the help I can get," said Olivia, smiling.

With her friends' help, Olivia began to decipher the book's clues. They faced many challenges, such as solving complicated riddles and finding hidden symbols throughout the forest. Each challenge they overcame brought them closer to the Forgotten Kingdom.

One night, while studying an old map, Bino the baboon noticed something strange. "Olivia, look here! This symbol looks like one we saw on the Great Oak Stone."

Olivia examined the map and realized Bino was right. "You're right, Bino! I think we're on the right track."

Guided by the map and the book's clues, they headed towards the Great Oak, an immense and ancient tree at the heart of the forest. Upon arrival, they found a glowing symbol carved into the tree's trunk. Olivia touched the symbol, and suddenly, a secret passage opened before them.

With hearts pounding with excitement, the friends entered the passage. They walked through a dark, winding tunnel, illuminated only by fireflies that seemed to guide their way. After what felt like an eternity, they emerged into a breathtaking valley, full of vibrant colors and magical creatures.

"Welcome to the Forgotten Kingdom," said a soft voice. It was a majestic golden owl, larger and wiser than any other owl Olivia had ever seen. "I am Aurelia, the guardian of this kingdom. You, Olivia, have proven to be truly wise and worthy of discovering this place."

Olivia felt a mix of pride and humility. "Thank you, Aurelia. I've always dreamed of this moment."

Aurelia smiled. "The knowledge you acquired and the wisdom you demonstrated brought you here. But remember, the true value of knowledge is in sharing it with others."

Olivia understood immediately. She spent the following days exploring the Forgotten Kingdom, learning about its wonders and secrets. But she knew her true mission was to bring this knowledge back to her forest.

When it was time to leave, Aurelia gave Olivia a special gift: a magical book containing all the knowledge of the Forgotten Kingdom. "Use this book to teach and inspire others," said Aurelia.

Back in the forest, Olivia was welcomed as a hero. She built a new library where all the animals could learn and explore the world's mysteries. She shared her knowledge with joy, inspiring others to be curious and seek wisdom.

Olivia, the wise owl, continued to learn and teach, knowing that the true power of knowledge lay in its ability to transform lives. And so, the forest became a place of wisdom and discovery, where everyone could dream and seek the unknown, guided by the light of curiosity and learning.